Inhalt

Mehr zu indigenem Tourismus in Kanada: destinationindigenous.ca

Impressum

360° NordAmerika – Special 2/2024 Kanadas First Nations
Dieses Special erscheint in Kooperation mit Destination Canada als Sonderpublikation.

Verlag: 360° medien | Nachtigallenweg 1 | 40822 Mettmann | Tel.: +49 2104 5063-100 | E-Mail: info@360grad-medien.de | redaktion@360grad-medien.de | www.360grad-travel.club

ISBN: 978-3-96855-559-1

Preis: 4,50 €

Bildnachweise: Adam Hill S. 38; Adam Pisani S. 40u; Artur Stanisz S. 42/43o; Barrett & MacKay Photo S. 24/25; Bird's Eye Inc. S. 26u; Bonjour Québec S. 20, 21, 22o, 23o li, 23o re; Bonjour Québec | Stephne Audet S. 22u re; Bonjour Québec | Mathieu Dupuis S. 22 u li; Chase Teron S. 8o; Destination BC | Steve Ogle S. 9o; Destination Canada S. 13, 15u, 16o, 18-19, 27o, 43, 44, 46u, 47u; Destination Canada | Marc Loiselle S. 11; Destination Canada | Colin Way S. 14; Destination Canada | Jay R. McDonald S. 12; Destination Canada | Kamil Bialous S. 4-7; Destination Canada | Matthew Bailey S. 15o; Cape Breton Association S. 27u; Helga Himer Firla S. 17u; Indigenous Tourism Canada S. 26o; Jason van Bruggen S. 47o; Jennifer Latuperisa-Andresen S. 46o; Jenny Wong S. 8u, 9u, 10; kaasgross S. 17o; North of 60 Aurora Adventures S. 41mi, 41u; NWT Tourism S. 39; Tourism | Angela Gzowski S. 41o; NWT Tourism | George Fischer S. 40o; Terres en Vues | Mario Faubert S. 23u; Tourism Nova Scotia | FliteLab S. 28o; Tourism PEI S. 28u, 29; Travel Alberta S. 1, 30o, 30u, 32u re, 33u, 34/35; Travel Alberta | Jay R. McDonald S. 32o, 32u li, 36o, 36u, 37o; Travel Alberta | Keemera Ltd. S. 31u; Travel Alberta | Sameet Ahmed S. 31o; Travel Manitoba S. 16u

Das originale Original

Zertifizierte Erlebnisse fördern echte Verbindungen zwischen Besuchern und indigenen Gemeinden

Autor: Zane Buchanan

Der Totempfahl – stiller Wächter und Geschichtenerzähler

Es ist kurz vor Mittag, in der Woche vor der Sonnenwende. In einem Land mit scheinbar endlosem Sonnenlicht ist die Zeit, wie ich sie kannte, allerdings unbedeutend. Ich sitze auf den Resten einer alten Rot-Zeder am Ufer des ehemaligen Haida-Dorfes Xayana auf Maude Island. Die Wellen des Pazifiks tragen unglaublich saubere Luft bis in das üppige Blätterdach des borealen Waldes. An diesem Ort unvergleichlicher Stille betrachte ich die hoch aufragenden Bäume, deren riesige Stämme die Geschichten von Generationen umfassen.

Ein 14 Meter hoher Totempfahl bewacht die verlassene Insel wie ein stiller Wächter. Er wurde erst kürzlich zum Gedenken an den Häuptling der Kaay'ahl Laanas, Watson Price, aufgestellt und ist der einzige Hinweis auf menschliche Besiedlung in Xayana. Er ähnelt den vielen verwitterten Totempfählen, die ich in den Tagen zuvor in

Skidegate und Massett gesehen habe. Überall auf Haida Gwaii erheben sich majestätisch Totempfähle mit kunstvollen Schnitzereien – jeder erzählt eine Geschichte von Vorfahren, Geistern und der tiefen Verbindung zwischen Mensch und Natur.

Die Totems sind keine leblosen Statuen, sondern lebendige Erzählungen, ins Wesen des Landes eingraviert. Auch auf Haida Gwaii verschmelzen wie in vielen anderen indigenen Gebieten Vergangenheit und Gegenwart nahtlos und schaffen ein spürbares Gefühl der Zeitlosigkeit. Die Stimmen der Ältesten scheinen im Rascheln der Blätter und dem Lärm der Schnitzhütten zu verweilen. Das Land selbst ist ein Hüter von Geschichten, ein stiller Zeuge der Widerstandsfähigkeit und Weisheit eines Volkes, das seit Jahrtausenden in Harmonie mit der Natur lebt. Die Erfahrungen, die Besucher in dieser Umgebung machen können, lassen sich mit einem Wort beschreiben: authentisch. Ein Begriff, der so einfach im Konzept ist, und doch so schwer zu finden.

In einer Ära der Globalisierung und wachsender Bemühungen zur Wiederbelebung indigener Kultur ist die Authentizität im indigenen Tourismus eine nicht zu unterschätzende Kraft. Wenn indigene Angebote den kulturellen Reichtum der indigenen Völker respektieren, werden echte Verbindungen geschaffen, die dazu beitragen, gemeinsam Verantwortung für den Erhalt der indigenen Kultur zu übernehmen. Auf Haida Gwaii ist die Authentizität der von Indigenen geführten Angebote deutlich zu spüren. Die einzigartigen Erlebnisse bieten Reisenden berührende

Jeder Pfahl wird mit kunstvollen Schnitzereien verziert.

Auf Haida Gwaii leben die Einheimischen in Harmonie mit der Natur.

Wer authentische Erlebnisse mit den First Nations sucht, folgt erfahrenen Guides in die Natur.

und auch lehrreiche Erfahrungen und tragen dazu bei, die wirtschaftliche Autonomie des Landes, das die Haida seit jeher bewohnen, wiederherzustellen. Dabei geht die Bedeutung der Angebote weit über das Geschäft hinaus: Die indigenen Unternehmen tragen dazu bei, die Kultur und Sprache der Ureinwohner zu bewahren und Probleme der Gemeinschaft zu bewältigen.

Das „The Original Original"-Logo kennzeichnet authentische indigene Erlebnisse.

Mit dieser Philosophie im Hinterkopf entwickelte die Indigenous Tourism Association of Canada (ITAC) im Jahr 2021 The Original Original, eine Auszeichnung für authentische Erlebnisse. Das Logo symbolisiert die Erde und den jeweiligen Lebenszyklus ihrer Bewohner. Im Zentrum dieser Kreise befindet sich ein Feuersymbol mit einer einzigen Flamme, die in drei Teile unterteilt ist. Diese repräsentiert die drei Gruppen der indigenen Völker Kanadas: First Nations, Métis und Inuit.

Die Auszeichnung ist ein Gütesiegel, ein effektives Werkzeug, mit dessen Hilfe Besucher authentische indigene Erlebnisse in Kanada identifizieren können, also Angebote, von denen indigene Gemeinden und Familien profitieren. Und es garantiert nicht nur die Legitimität eines Anbieters, sondern ermutigt Reisende auch dazu, sich aktiv über die Gebiete, die sie erkunden möchten, zu informieren.

Indem das Programm echte Verbindungen zwischen Besuchern und indigenen Gemeinschaften fördert, stellt es sicher, dass die kulturelle Integrität respektiert und für kommende Generationen erhalten wird. Mit der sich ständig weiterentwickelnden Tourismuslandschaft spielen Initiativen wie diese eine entscheidende Rolle bei der Förderung eines harmonischen Miteinanders und der Bewahrung von Kultur. Diese verantwortungsvolle Destinationsentwicklung ist in Kanada in Gemeinden wie Haida Gwaii und an vielen anderen Orten des Ahornlands deutlich sichtbar.

Die Ältesten der Haida teilen ihr über Jahrtausende weitergegebenes Wissen.

In der Stille der Landschaft an der rauen Haida-Küstenlinie entfaltet diese Kultur ihren Reichtum direkt vor meinen Augen. Eine Kultur, in der Tradition und Moderne im Gleichgewicht sind, und die berührende Beziehungen schaffen kann. Ich bin nicht nur überwältigt von der Schönheit der Landschaft, sondern habe auch eine echte Verbindung zur Haida-Gemeinschaft geknüpft, die tief in meine Seele vorgedrungen ist. Ich bin über die Brücke gegangen, die eine uralte Kluft zwischen Reisenden und indigenen Völkern schließt.

Das Markenzeichen der Inseln: Unberührte Natur und absolute Stille

Mehr als Wildlife-Abenteuer

Indigene Gastgeber öffnen neue Perspektiven auf Kanadas Tierwelt

Bären in freier Natur zu beobachten, ist ein atemberaubendes Erlebnis.

Bisons waren einst eine lebenswichtige Nahrungsquelle für die indigenen Völker Kanadas und spielten in den kulturellen Traditionen eine zentrale Rolle. Dass sie fast ausgestorben waren, hat die Identität der Ureinwohner schwer erschüttert. Ihre Neuansiedlung auf dem Gebiet der Métis in Saskatchewan war ein bewegender Moment für die indigenen Gemeinschaften und ein Schritt in Richtung Versöhnung. Aber nicht nur Bisons, auch Wale, Bären, Adler oder Wölfe sind mit dem Leben und der Spiritualität der indigenen Völker verbunden. Fast jede Tierart findet sich in einer Legende wieder. Wer die tiefe Verbundenheit der indigenen Gemeinschaften mit der Tierwelt erleben möchte, der begleitet sie am besten auf einer geführten Tour.

Der Kermode-Bär ist auch als Geisterbär bekannt.

BÄREN

Bären werden von den Ureinwohnern Kanadas seit jeher verehrt. Obwohl die Legenden von Stamm zu Stamm variieren, verkörpert der Bär Stärke und Mut. Oft wird er als Heiler oder Beschützer gesehen. Die folgenden Orte in Kanada sind die besten Spots für alle, die besondere Begegnungen mit Bären suchen.

BRITISH COLUMBIA:

Spirit Bear Lodge
Im traditionellen Territorium der Kitasoo/Xai'xais First Nation findet sich die Spirit Bear Lodge. Gäste erleben hier den größten intakten gemäßigten Regenwald der Welt. In diesem artenreichen Gebiet leben unter anderem die legendären Kermode-Bären, eine seltene, weiße Variante des Schwarzbären, auch „Geisterbär" genannt.

Mit indigenen Führern tauchen Besucher in die Welt der Legenden und Geschichten ein und beobachten neben Bären auch Wale, Delfine und Seelöwen.

Klahoose Wilderness Resort
An der zerklüfteten Küste British Columbias liegt das Klahoose Wilderness Resort, das nur per Boot oder Wasserflugzeug erreichbar ist. Die Klahoose First Nation, auch toq qaymlxw (Klahoose) People genannt, bietet Bären- und Walbeobachtungstouren und gibt dabei Einblicke in ihre Kultur. Im Spätsommer und Frühherbst können Besucher beobachten, wie Grizzlybären im Toba Inlet Lachse fangen.

Sea Wolf Adventures
In der Nähe von Port McNeill versammeln sich am Xakwikan (Thompson Sound) die Grizzlybären. Wer mit Sea Wolf Adventures unterwegs ist, lernt von den vier Stämmen der Kingcome People, welche bedeutende Rolle die Tierwelt für sie spielt. Bei den Ausflügen per Boot können neben Grizzlybären auch Wale, Delfine, Adler und andere Wildtiere gesichtet werden.

Homalco Tours
Die Xwémalhkwu (Homalco) First Nation bietet ganztägige Touren in ihrem traditionellen Stammesgebiet an. Mitte August können Besucher etwa Grizzlybären beobachten, die sich in der Orford Bay am Rande des Great Bear Rainforest von Lachsen ernähren.

Knight Inlet Lodge
Inmitten des Great Bear Rainforest liegt die Knight Inlet Lodge, die nur per Wasserflugzeug erreichbar ist. Die im Westküstenstil gestaltete, schwimmende Lodge ist perfekter Ausgangspunkt für Bärensichtungen, besonders im Herbst zur Lachswanderung, sowie Touren zur Beobachtung von Meerestieren.

k'awat'si Tours
Auf Vancouver Island nahe Port Hardy bietet k'awat'si Tours die Möglichkeit, nicht nur Bären, sondern auch Adler, Wölfe, Wale, Schweinswale, Otter und Vögel zu sehen. Indigene Guides teilen ihre Kultur, Geschichte und Traditionen. Besucher erleben die schnellsten befahrbaren Gezeitenstromschnellen der Welt und übernachten im Kwa'lilas Hotel der Gwa'sala Nakwaxda'xw First Nation.

Schwarzbären sind in British Columbia zahlreich beheimatet.

MANITOBA:

Beyond Boreal Expeditions
In Churchill, Manitoba, der Eisbären-Hauptstadt der Welt, herrschen in den Monaten Oktober und November beste Bedingungen für die Beobachtung von Eisbären. Beyond Boreal Expeditions ermöglicht naturnahe Touren mit Fokus auf Fotografie in kleinen Gruppen. Neben eintägigen Touren können auch Touren bis zu fünf Tagen gebucht werden. Die Eisbären stehen im Winter im Fokus, ebenso wie Polarlichter, im Sommer können Vögel und Belugawale gesichtet werden.

Churchill in Manitoba ist der beste Ort der Welt, um Eisbären zu begegnen.

WALE

Wale sind ein häufig verwendetes Symbol auf Totems in Küstengemeinden. Sie symbolisieren Familie, Gemeinschaft und Schutz. Folgende indigene Anbieter nehmen Gäste mit zu beeindruckenden Begegnungen.

BRITISH COLUMBIA:

Haida Style Expeditions
Nach der Haida-Legende gehört Sgaana xaaydagaay, der Killerwal, zu den mächtigsten Meeresbewohnern. Killerwale gelten als übernatürliche Wesen, die die Unterwelt, also das Meer und alles darin, beherrschen. Haida Style Expeditions will Gästen nicht nur Walbeobachtungen ermöglichen, sondern auch ihre Legenden und die Bedeutung ihrer Totems näherbringen.

West Coast Expeditions
Ein Wilderness Basecamp im Gebiet der Kyuquot (Ka:'yu:'k't'h')/ Checleset (Che:k:tles7et'h') First Nations bietet eine perfekte Lage für mehrtägige Kajakabenteuer. Beim Paddeln durch den Kyuquot Sound, die Checleset Bay, die Bunsby Islands und die Brooks Peninsula können Abenteurer nicht nur Orcas und Buckelwale sehen, sondern auch Seeotter, Fischadler, Adler und Papageientaucher.

Sidney Whale Watching
Dieses familiengeführte Unternehmen in Sidney bringt Gäste mit offenen Booten auf die ruhigen Gewässer der Salish Sea, um Orcas, Buckelwale, Grauwale, Delfine, Seelöwen und andere Meeresbewohner zu beobachten. Die Gewässer der Region beherbergen über 80 Orcas, sodass beeindruckende Walbeobachtungen zum Alltag gehören.

In den Gewässern der Salish Sea sind viele Orcas zu Hause.

Bei einer Walbeobachtungstour kommt man den gigantischen Meeresbewohnern mit etwas Glück ganz nah.

Coastal Rainforest Safaris
Wer einen Tag mit der Beobachtung von Walen und auch Seeottern vor der nördlichen Küste Vancouver Islands verbringen möchte, ist bei Coastal Rainforest Safaris in Port Hardy richtig. Buckelwale, Orcas, Schweinswale, Pazifische Weißseitendelfine, Stellersche Seelöwen, Seeotter, Weißkopfseeadler und eine Vielzahl von Seevögeln können auf einer fünfstündigen Tour in den Gewässern der Kwakwaka'wakw First Nations gesichtet werden.

QUÉBEC:

Essipit Cruises
Aufgrund des Nahrungsreichtums gilt der Sankt-Lorenz-Strom in Québec als einer der weltbesten Orte für Walbeobachtung. 13 Walarten tummeln sich in seinen Gewässern – darunter der Blauwal, das größte Tier der Welt. Essipit Cruises ermöglicht Walbeobachtung vom Zodiac-Boot aus. Erfahrene Kapitäne übermitteln während der Touren ihre Kenntnisse über die Wale und ihre Kultur.

Mer et Monde Écotours
Seit über 20 Jahren bietet Mer et Monde Écotours geführte Kajak- und Stand-Up-Paddleboard-Touren an. Auf einer Tagestour können Gäste Blau-, Finn- und Zwergwale, Belugas, Robben und Seevögel beobachten. Mit Hilfe eines Hydrophons können sie sogar den Walgesängen lauschen.

NUNAVUT:

Arctic Bay Adventures
Auf Baffin Island teilen lokale Inuit-Guides von Arctic Bay Adventures ihr umfassendes Wissen über Land und Meer sowie ihre Kultur in einem weltweit einzigartigen mehrtägigen Erlebnis. Während des Campings in Zelten oder Iglus am Packeisrand lassen sich mit etwas Glück nicht nur Narwale, sondern auch Robben, Vögel und möglicherweise sogar Eisbären blicken.

In Alberta trifft man sogar auf die sehr seltenen weißen Bisons.

BISONS

Einst gab es mehrere zehn Millionen Bisons, die für das tägliche Leben und die Kultur vieler indigener Völker von großer Bedeutung waren. In den späten 1800er Jahren wurden sie an den Rand des Aussterbens gebracht, aber heute kann man ihnen an mehreren Orten im Ahornland wieder begegnen.

ALBERTA:

Métis Crossing
120 Kilometer nordöstlich von Edmonton liegt Métis Crossing, ein kulturell bedeutungsvoller Ort der Métis. Der Wildpark Visions, Hopes and Dreams bietet die Möglichkeit, weiße Bisons zu sehen. Diese äußerst seltene Art gilt bei vielen indigenen Völkern als heilig.

Talking Rock Tours
Auf privaten Touren in kleinen Gruppen erkunden Gäste mit Talking Rock Tours den Elk Island National Park. Dabei treffen sie auf die dort lebenden Waldbisons und Präriebisons und lernen ihre kulturelle Bedeutung an jenem Ort kennen, an dem sie vor der Ausrottung bewahrt wurden.

SASKATCHEWAN:

Wanuskewin Heritage Park
Der Wanuskewin Heritage Park in der Nähe von Saskatoon war über 6.400 Jahre lang ein Treffpunkt der indigenen Völker der nordamerikanischen Prärie. Besucher können dort nicht nur die wieder angesiedelten Bisons beobachten, sondern auf Touren im und um den Park mehr über die Kultur und die Bewohner dieser Region erfahren.

NORTHWEST TERRITORIES:

Bucket List Tours
Die weltweit größten freilebenden Bisonherden befinden sich im Norden Kanadas. Bucket List Tours in Yellowknife bietet vier- bis sechsstündige Fahrten zu den Bisons und anderen Tieren.

ADLER

Der Adler ist für viele indigene Völker heilig, weil er in der Nähe des Schöpfers fliegt. Er symbolisiert Respekt, Ehre, Stärke, Mut und Weisheit und eine Adlerfeder ist ein heiliges Geschenk, das man sich verdienen muss. An diesen Orten in Kanada können Besucher den Tieren und ihren Legenden näherkommen.

NEUFUNDLAND UND LABRADOR:

Wild Gros Morne
Adler, Wale, Delfine, Robben und atemberaubende Landschaften erwarten Besucher beim Kajakfahren im Gros Morne Nationalpark mit Wild Gros Morne. Mit kundigen, indigenen Guides, die sich in der Gegend und der dort lebenden Tierwelt bestens auskennen, geht es zu versteckten Buchten und Wasserfällen. Im Sommer werden auch Bootstouren, Wanderungen, kulinarische Erlebnisse und Stand-Up-Paddling angeboten.

Gros Morne Adventures
Mit seiner Lage direkt am Strand inmitten des Gros Morne Nationalparks bietet Gros Morne Adventures die perfekte Unterkunft für Wander-, Kajak-, Paddelboard- und Zodiac-Abenteuertouren. Auf den Touren in der Bonne Bay sind Adler häufig zu sehen – aber auch andere wildlebende Tiere. Gros Morne Adventures arrangiert außerdem Gros Mornes erste indigene Kulturtour. Im hoteleigenen Kayak Café können Gäste vor oder nach einer Tour lokal gerösteten Kaffee und Gebäck genießen.

Four Seasons Tours
Wer Weißkopfseeadler aus nächster Nähe sehen und fotografieren möchte, ist auf einer Weißkopfseeadler-Tour mit Four Seasons Tours in Cox's Cove richtig. Die Touren konzentrieren sich speziell auf die Fotografie von Weißkopfseeadlern, gesichtet werden aber häufig auch Elche, Fischadler, Wale, Rotfüchse und andere Tiere.

SASKATCHEWAN:

Aski Holistic Adventures
Das Saskatchewan River Delta ist ein riesiges und wunderschönes Gebiet. Als eines der wichtigsten Feuchtgebiete Kanadas beherbergt es eine Vielzahl von Tieren und Vögeln, darunter auch Weißkopfseeadler. Weit entfernt vom modernen Leben führt Michela Carriére, Cree-Métis Guide und Besitzerin von Aski Holistic Adventures, auf maßgeschneiderten Abenteuer- und Naturtouren Gäste durch diese Region. Kanufahrten mit Voyageur-Kanus, Naturtherapie, Wandern, Medizinwanderungen, Tipi-Camping und kulturelle Erlebnisse machen den Sommer unvergesslich. Im Winter bietet sie Wandern, Schneeschuhtouren und Fatbike-Touren an.

Der Adler gilt bei den indigenen Völkern als heilig.

Teilen, heilen, Berge bewegen

Unterwegs mit starken Frauen zu authentischen indigenen Erlebnissen

Brenda Holder, Mahikan Trails, teilt ihr Wissen über die Natur gerne mit Gästen.

Auf einem schneebedeckten Weg in den Kanadischen Rocky Mountains in Alberta in der Nähe von Canmore zeigt Brenda Holder auf Spuren im Schnee und ermutigt ihre Gäste, diese zu identifizieren. Brenda ist die Besitzerin von Mahikan Trails in Jasper und wer mit ihr unterwegs ist, dem werden besonders intensive Erfahrungen in der Natur geboten. Im Fokus ist dabei immer die indigene Kultur, ihre Traditionen, Geschichte und das seit Generationen überlieferte Wissen der indigenen Gemeinschaften.

Früher waren die indigenen Gemeinschaften vom Tourismus weitgehend ausgeschlossen. Doch Frauen wie Brenda Holder tragen dazu bei, dass indigene Erlebnisse mehr in den Fokus rücken und indigene Anbieter eine zentrale Rolle spielen, wenn es um authentische touristische Erfahrungen geht. Rund ein Drittel der indigenen Unternehmen in Kanada gehört Frauen, die ihre Kultur bewahren und die Versöhnung fördern.

Brenda Holder, die aus einer Cree/Iroquois Métis-Familie der Kwarakwante in Jasper stammt, präsentiert auf ihren Touren deshalb nicht nur atemberaubende Ausblicke auf die Rockies und die Prärie und teilt ihr Wissen über die Natur, sondern erzählt auch Geschichten. Vom Überleben und der Hoffnung. Von ihrer Familie und ihrer Gemeinschaft. Geschichten, die die Augen öffnen und neue Perspektiven zeigen.

Reiten, Bogenschießen, Schneeschuhwandern: das alles ist bei Tracey Klettl in Jasper möglich.

Michela Carriere von Aski Holistic Adventures glaubt an die heilende Wirkung der Natur.

Tracey Klettl ist Nachfahrin der Cree und Mohawk aus dem Gebiet des heutigen Jasper-Nationalparks. Sie gehört einer Familie von Métis-Jägern und Führern an und teilt ihr Wissen sowie ihre Verbundenheit mit dem Land auf der Painted Warriors Ranch in der Nähe von Sundre in Alberta. Auf der Ranch können Besucher bei zahlreichen Aktivitäten die indigene Kultur kennenlernen: Bogenschießen, Reiten und Schneeschuhwandern stehen ebenso auf dem Programm wie Storytelling, bei dem die Gemeinschaften ihre Geschichte und ihre Traditionen überliefern.

Mitten in der Wildnis von Saskatchewan lebt Michela Carriere, eine Kräutersammlerin der Cree. Sie gründete Aski Holistic Adventures, das Abenteuer im Delta des Saskatchewan River anbietet. Michela glaubt an die Kraft der Natur: „Meine Philosophie ist, dass die Natur heilt, und ich möchte Menschen wieder mit ihr verbinden." Ihre maßgeschneiderten Erlebnisse umfassen Kräuterwanderungen, geführte Kanutouren, Naturtherapie-Workshops, Schneeschuhwanderungen und Zelten in Tipis.

Candace Campo bietet bei ihren Touren in die Natur authentische Einblicke in die Lebensweise der First Nations der Westküste.

Eines der berühmtesten indigenen Restaurants, das Feast Café Bistro in Winnipeg in Manitoba, gehört einer Frau mit Leidenschaft für gutes Essen und Gemeinschaft: Christa Bruneau-Guenther aus der Peguis First Nation. Ihre Gerichte sind inspiriert von ihrer Kultur und ihrem Land. Auf die Teller zaubert Christa traditionelle Speisen mit modernem Touch, die mit Geschichten serviert werden, die die Herzen ihrer Gäste berühren.

Im Feast Café Bistro verwöhnt Christa Bruneau-Guenther mit traditionellen Speisen – modern inspiriert.

Seit 2002 bietet Candace Campo, die Gründerin von Talaysay Tours, kulturelle Erfahrungen in den Gebieten Vancouver, Squamish und an der Sunshine Coast von British Columbia an. Candace ist Mitglied der Shíshálh Nation und verdankt den größten Teil ihres Wissens ihren Eltern und den Ältesten ihrer Heimatgemeinde Sechelt. Bei ihren Outdoor-Touren ermöglicht sie authentische Erlebnisse in der atemberaubenden Natur der Westküste und Einblicke in die indigenen Gemeinschaften British Columbias.

Chefköchin Tammy Maki hat mit dem Raven Rising einen Ort geschaffen, an dem sie sich wieder mit ihrer Saulteaux Ojibwe kwe-Kultur verbinden kann. Das Geschäft für Gourmet-Schokolade in Sudbury in Ontario ist einzigartig, denn Maki lässt in jedes einzelne ihrer Rezepte traditionelle indigene Zutaten einfließen. Als Kind wurde sie durch den „Sixties Scoop", der es den kanadischen Behörden erlaubte, indigene Kinder gegen den Willen ihrer Eltern aus ihren Familien zu reißen und zur Adoption durch weiße Familien freizugeben, ihrer Kultur und Sprache beraubt. Das Raven Rising bietet ihr heute die Möglichkeit, zu ihrer Kultur zurückzufinden, mit traditionellen Zutaten zu experimentieren und ihr indigenes Erbe neu zu entdecken und mit anderen zu teilen.

Auch Inez Cook wurde im Rahmen des Sixties Scoop als Kind von ihrer Familie getrennt. Sie gehört der Nuxalk Nation an und es war ein langer Weg für sie, die Bräuche ihrer Gemeinschaft zu erlernen und sich wieder mit der indigenen Kultur zu verbinden. Heute feiert sie ihre Wurzeln in ihrem Restaurant Salmon n' Bannock, dem einzigen indigenen Restaurant in Vancouver. In intimer Atmosphäre kreiert Inez für ihre Gäste ein außergewöhnliches kulinarisches Erlebnis, während der Duft von frisch gebackenem Bannock durch die Luft schwebt. Inez verknüpft traditionelle Gerichte und Zutaten mit modernen Elementen und lässt ihre Gäste dabei tief in die indigene Lebensweise eintauchen.

Inez Cook führt mit dem Salmon n' Bannock das einzige indigene Restaurant in Vancouver.

Matricia Bauer, Sängerin, Trommlerin und Geschichtenerzählerin, teilt ihre indigene Herkunft im Jasper Nationalpark. Sie ist Mitglied der Cree und ihr traditioneller Name Isko-achitaw waciy bedeutet so viel wie: Die Frau, die Berge bewegt. Mit ihrer Tochter Mackenzie führt sie Warrior Women, eines der bekanntesten indigenen Tourismusunternehmen in Kanada. Warrior Women bietet Trommelshows und zweieinhalbstündige Fireside Chats sowie in den wärmeren Monaten den Wapakwanis Plant Walk, der Informationen zu den heilenden Kräften der Pflanzen und Bäume im Nationalpark und den Kräutern der indigenen Küche vermittelt.

Das Geheimnis guter Schokolade: Tammy Maki fügt jeder Rezeptur traditionelle indigene Zutaten hinzu.

Warrior Woman

Interview mit Matricia Bauer

Autorin: Jennifer Latuperisa-Andresen

Beim sogenannten Firesite Chat dürfen alle Fragen gestellt werden. Matricia erklärt gerne ihre Kultur, …

… aber scheut sich auch nicht, von dem Trauma ihres Volkes zu sprechen.

Der traditionelle Name von Matricia Bauer ist Isko-achitaw waciy, was so viel bedeutet wie „die, die Berge versetzt". Sie ist Reiseleiterin, Sängerin, Trommlerin, Rednerin und Künstlerin und wird nicht müde, ihre Kultur weiterzugeben.

Matricia, du nennst dich selbst Warrior Woman. Welche Bedeutung hat das?

Ja, ich nenne mich selbst Warrior Woman. Ich bezeichne mich selbst als Kriegerin. Traditionell gesehen ist das jemand, der sich für das Volk einsetzt. Mein erster Schritt darin bestand, für mich selbst einzustehen und meine Kultur zurückzufordern. Und jetzt bin ich an einem Punkt, an dem ich meine Arbeit genieße. Ich biete vier indigene Erlebnisse in Jasper an, die Urlauber mit dem Land, den Leuten und der indigenen Kultur verbinden. Und sie ermöglichen es mir, meine Geschichte zu erzählen.

Du bietest beispielsweise ein Tee-Erlebnis an? Was genau erwartet deine Gäste?

In der indigenen Kultur gibt es ein schönes Tee-Erlebnis, das oft viele Stunden dauert. Es ist eine besondere Art und Weise, sich mit den Menschen und den Pflanzen zu verbinden. Getrunken wird ein Kräutertee. Das Ziehenlassen dauert normalerweise acht bis zehn Minuten. Es braucht also Vorbereitung und Zeit. Und das ist eine gute Gelegenheit, die medizinischen Vorteile der Pflanzen zu erklären. Die meisten der Pflanzen stammen aus der Region und werden wild geerntet. Sie haben Eigenschaften, die für uns gesund sind. Manchmal sind sie antibakteriell oder antimikrobiell, manchmal enthalten sie Mineralien oder Vitamine. Wenn du sie mischst oder probierst, kannst du die Flora schmecken und die einheimische Küche kennenlernen.

Und auch einen wichtigen Teil deiner Kultur?

Ja, es erklärt sogar ein bisschen unsere Schöpfungsgeschichte: Als die Sternenfrau auf die Erde fiel, hat sie nach den Wurzeln des heiligen Baums gegriffen. Und so brachte sie all die Samen mit, die wir heute sehen. Es geht auch darum, die weibliche Geschichte, die Schöpfungsgeschichte und die Wurzeln, die Frauen setzen, zu ehren. Und indem wir diese Geschichten erzählen, können die Menschen sehen, wie schön unsere Kultur ist. Ich glaube, wenn die Menschen anfangen zu lernen, werden sie von unserer Geschichte überwältigt. Wir leben schon seit 10.000 Jahren in Nordamerika. Damals waren wir freundlich. Damals blühten wir als Volk auf. Ich glaube, wir müssen uns auf irgendeine Art und Weise auf Teile dieser Geschichte besinnen und über die negative Geschichte der Kolonisierung hinauswachsen.

Wer mit ihr spazieren geht, lernt den Nationalpark mit ganz anderen Augen kennen.

Eine Teereise in die heilende Kräuterwelt.

Kunst, Kultur und Kulinarik

An diesen besonderen Orten öffnen die First Nations in Québec ihre Türen für Gäste

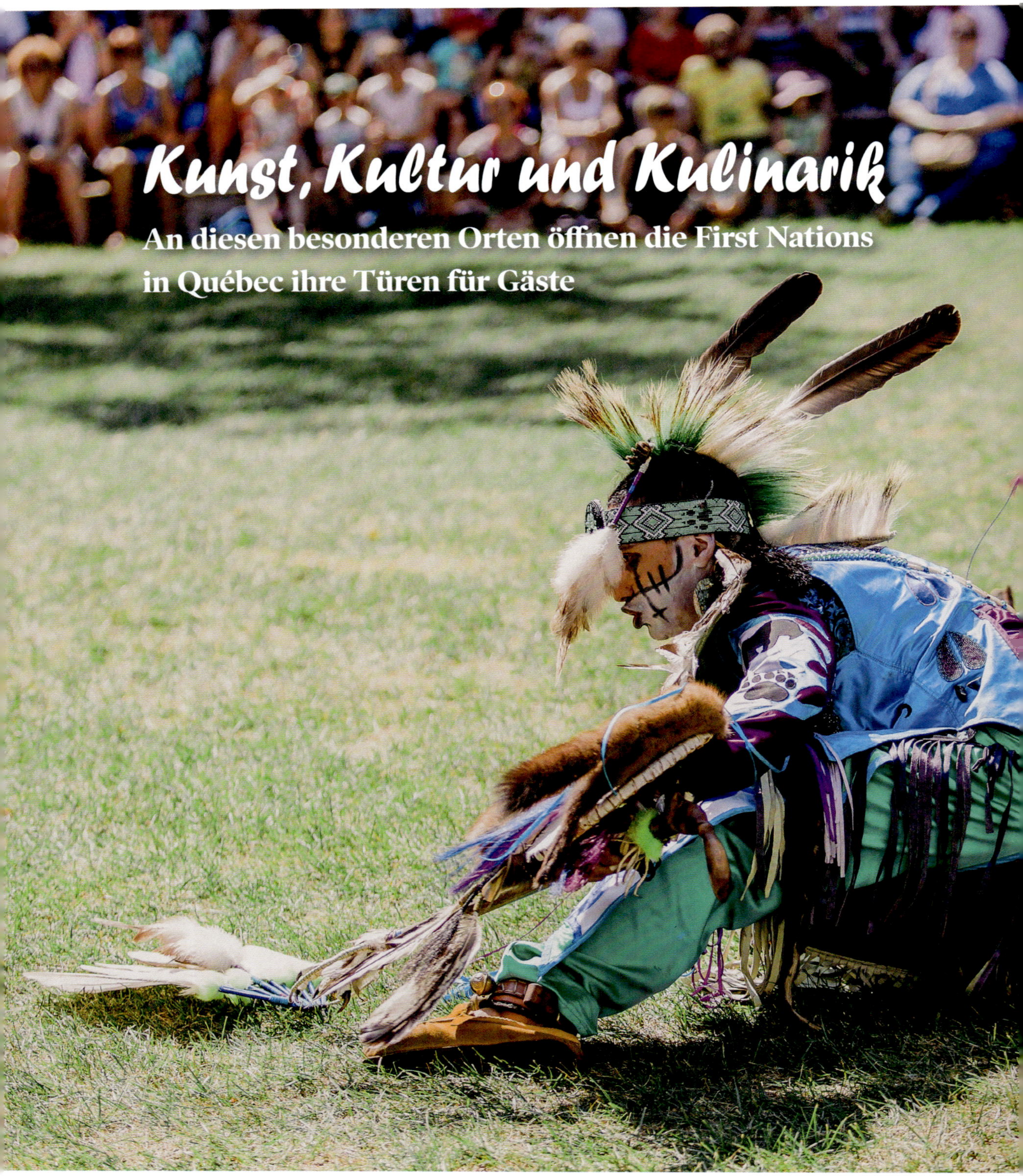

In der Provinz Québec sind zehn verschiedene First Nations und vielfältige Inuit-Gemeinschaften zu Hause. Sie alle zelebrieren ihre Traditionen und Besucher können bei verschiedenen Aktivitäten die Kultur und die Bräuche der Ureinwohner erleben – von Powwows bis zu Abenteuern in atemberaubender Landschaft, von besonderen Unterkünften bis zu kulinarischen Highlights der indigenen Küche.

Pow Wow Wendake

Nur 20 Minuten Fahrzeit von Québec City entfernt liegt Wendake. Beim jährlichen Powwow treffen sich dort im Sommer die ansässigen Huron-Wendat mit indigenen Nationen aus ganz Nordamerika. Sie feiern zusammen ihre Kultur und ihre Traditionen mit Gesang, Tanz und Zeremonien. Ein Kunsthandwerkermarkt bietet zudem einzigartige Handarbeiten.

Tänzer beim Powwow in Wendake

Die Huron-Wendat vermitteln die spirituelle Verbindung zur Natur.

Croisières Essipit

Wasserdichte Hosen, ein gemütlicher Parka und eine Rettungsweste sind beim Whale Watching mit Croisières Essipit im Herzen des Parc Marin du Saguenay-Saint-Laurent inbegriffen. Die Region ist einer der besten Orte der Welt, um Wale zu beobachten. Das ganze Jahr über sind die dort lebenden Belugas und Seehunde zu sehen. Zwischen Juni und Oktober halten sich zudem 13 verschiedene Walarten in den Gewässern auf, darunter Blau-, Finn- und Zwergwale. An Bord eines Schlauchbootes geht es aufs Wasser. Dabei teilen indigene Guides auf den Touren ihr Wissen über die faszinierenden Säugetiere.

Kulinarische Erlebnisse bei den Huron-Wendat

Hébergement aux Cinq Sens

Eine spirituelle Auszeit im Herzen des Waldes im Südosten von Québec ist direkt am Lac Mégantic möglich: Die indigenen Guides der Huron-Wendat nehmen ihre Gäste mit zu einer Begegnung mit dem Geist des Waldes, stärken die Beziehung zu Mutter Natur in einer Schwitzhütte und verwöhnen den Gaumen mit lokal produziertem Käse. Übernachtet wird in traumhaften Hängemattenzelten, traditionellen Jurten oder komfortabel und mit Strom in einem Tiny House zwischen den Bäumen.

Restaurant Sagamité

Das Restaurant Sagamité in Québec City wurde nach seiner hausgemachten Suppe aus den „drei Schwestern" Kürbis, Mais

Kulinarische Erlebnisse bei den Huron-Wendat

und roten Bohnen benannt. Angereichert wird das traditionelle Gericht mit Wildbret, das aus der kulinarischen Kultur der Huron-Wendat nicht wegzudenken ist. Auf Besucher wartet ein immersi-

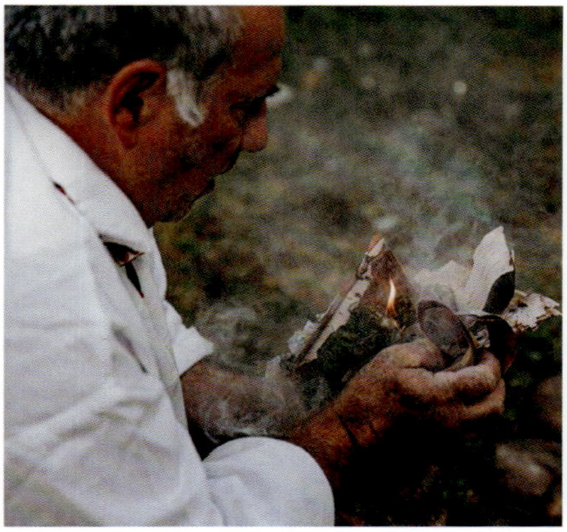

Die Mi'kmaq geben Einblick in ihre Lebensweise.

Nachgebautes traditionelles Mi'kmaq Dorf

ves Erlebnis, das Geschichte, Handwerk, Kunst und Kulinarik verbindet. Auf jeden Fall probieren: die Spezialität Yatista, die die Bedeutung des Feuers für die Wendat Nation verdeutlicht.

Site d'interprétation Micmac de Gespeg

In Pointe-Navarre auf der Gaspésie Halbinsel reisen Besucher mit indigenen Guides der Mi'kmaq zurück ins Jahr 1675, um zu verstehen, wie die Mi'kmaq-Nation, auch bekannt als das Volk des Meeres, bis heute überleben konnte. Das Informationszentrum sowie das nachgebaute traditionelle Dorf und das Sommerlager bieten Einblicke sowohl in die reiche Kultur als auch in das traditionelle Handwerk der Mi'kmaq.

Présence autochtone

Jeweils im August wird Montréal beim Montréal First People's Festival für zehn Tage zum pulsierenden Herzen der kulturellen Renaissance der indigenen Völker weltweit. Angeboten wird Kino, Live-Musik, bildende Kunst und Multimedia-Installationen. Highlight des Festivals ist ein riesiges Tipi auf dem „Place des Festivals".

Beim Montréal First Peoples Festival steht die Stadt zehn Tage lang im Zeichen der indigenen Kultur.

Von den Mi'kmaq bis zu den Inuit

Authentische Erlebnisse in Atlantik Kanada

Der Torngat Mountains National Park fasziniert mit tollen Panoramen.

Tosende Wellen an schwindelerregenden Klippen, grüne Wälder, Fjorde, Strände und sanfte Berge: In dieser atemberaubenden Schönheit Atlantik Kanadas liegt die reiche Geschichte der indigenen Bevölkerung dieser Region – von den Mi'kmaq im Süden bis zu den Inuit im Norden. Frische Meeresfrüchte am Strand genießen, die arktische Wildnis auf einer Eisbärexpedition entdecken oder tief in die Kultur der indigenen Bevölkerung eintauchen, all das ist auf einer Reise durch Kanadas atlantische Provinzen möglich. Wer authentische indigene Erlebnisse sucht, wird in Nova Scotia, New Brunswick, Neufundland und Labrador sowie auf Prince Edward Island garantiert fündig.

Neufundland und Labrador

Gros Morne Adventures
Unzählige Outdoor-Abenteuer warten bei Gros Morne Adventures im Gros Morne Nationalpark, einem der atemberaubendsten Nationalparks der Welt. Erfahrene

Die wunderschöne Natur lockt zu Outdoor-Aktivitäten.

indigene Guides bieten neben Ausflügen auf dem Wasser auch fantastische Touren zu Fuß an, die alle mit gigantischen Ausblicken locken – von Spaziergängen in den Table Lands über anspruchsvollere Routen auf den Gros Morne Mountain bis zu mehrtägigen Touren und Rucksackwanderungen.

Die Torngats

Im äußersten Norden Labradors erheben sich gewaltige Gebirgszüge als Teil einer legendären Landschaft. Hier ist einfach alles riesig – die Eisbären, die Eisberge und die Geschichten, die abends am Lagerfeuer erzählt werden. Eine Forschungsstation mit Basislager macht diese Wildnis zugänglich und bietet Zugang zu unvergleichlichen Outdoor-Erlebnissen wie Wanderungen zu Wasserfällen oder Hubschrauber-Ausflügen. Abends lauschen Besucher den Stories über die tausende Jahre alte Inuit-Geschichte.

Qalipu First Nation

Die Heimat der Qalipu, der Mi'kmaq aus West- und Zentral-Neufundland, ist geprägt von endlosen Landschaften, zerklüfteten Bergrücken und tiefen Fjorden. Eine Region, die Outdoor-Abenteuer, aber auch Mythen und Musik, Tanz und Kunsthandwerk mitbringt. Wer mehr über die einzigartige Geschichte erfahren möchte, besucht das Mi'kmaq Cultural Centre in Cape St. George. Tief in die indigene Kultur eintauchen können Besucher auch bei ShaMaSha in George's Brook.

Indigene Handwerkskunst

New Brunswick

Metepenagiag Heritage Park

Das Gebäude ist modern, die Geschichte uralt: Ein Spaziergang durch den Metepenagiag Heritage Park führt 30 Jahrhunderte zurück in die Zeit, als die Mi'kmaq First Nations in einer blühenden Fischergemeinde lebten. Die archäologischen Funde bestaunen Besucher auf einer selbstgeführten Tour oder mit einem Guide. Der Metepenagiag Heritage Park beherbergt auch die Oxbow National Historic Site, das größte prähistorische Dorf, das in den Atlantikprovinzen gefunden wurde.

Elsipogtog Heritage Path Tour
Die Heritage Path Tour der Elsipogtog First Nation ist ein Erlebnis in drei Etappen: Den Anfang macht eine traditionelle Begrüßungszeremonie mit Smudging, gefolgt von einem Spaziergang über den Heritage Path. Die Wigwams, Langhäuser und Schwitzhütten bieten Einblicke in das Leben der Vorfahren. Das Kulturzentrum ist ein lebendiges Zeichen dafür, wie die Elsipogtog das Erbe ihrer Vorfahren bewahren und die Kluft zwischen Vergangenheit und Gegenwart überbrücken.

First Nations Storytellers
Mit First Nations Storytellers machen Reisende authentische indigene Erfahrungen im Großraum Saint John. Storytelling war schon immer ein zentrales Element der indigenen Kultur. Beim Indigenous Storytelling Walk erfahren Besucher mehr über den Einfluss der Wolastoqi und Mi'kmaq auf ihr Land. Ein Abend am Lagerfeuer lässt die Zeit vor der Ankunft der Europäer wieder lebendig werden, als sich Familien um ein Feuer versammelten und Geschichten erzählten.

Storytelling ist ein fester Bestandteil der indigenen Kultur.

Nova Scotia

Eskasoni Cultural Journeys
Entlang der Bras d'Or-Seen in der hügeligen Landschaft von Cape Breton Island warten Geschichte, Kultur und wunderschöne Natur. In dieser Region schlägt ein lebendiges kulturelles Herz, das im Takt der Trommeln der Schotten schlägt, die das Land der Mi'kmaq besiedelten. Auf Goat Island lassen die Mi'kmaq bei Eskasoni Cultural Journeys ihre Geschichte für Besucher lebendig werden: Ein 2,4 Kilometer langer Spaziergang durch den Wald führt zu interaktiven Stationen, an denen Besucher Bannock Brot backen, traditionelle Werkzeuge ausprobieren und Blicke in Tipis werfen können.

First Nation Guides erklären Besuchern ihre Kultur und Traditionen.

Mit dem Kanu kann man im Kejimkujik National Park den Wasserwegen der Ureinwohner folgen.

Der Kejimkujik National Park & National Historic Site

Mit seinen Wäldern, Flüssen und von Inseln übersäten Seen ist der Kejimkujik National Park & National Historic Site ein Ort, an dem die Hektik der Welt außen vor bleibt. Der Kejimkujik ist bekannt für seine uralten Wälder, eine seltene Tierwelt und die traditionellen Mi'kmaq-Wasserwege. Die Kanurouten im Park wurden von den Ureinwohnern schon vor Tausenden von Jahren für ihre Reisen zwischen der Bay of Fundy und der Atlantikküste genutzt. Ihre Spuren sind noch heute auf den Schieferfelsen entlang der Küste sichtbar. Die Steinritzungen, auch Petroglyphen genannt, zeigen Bilder aus dem traditionellen Leben der Mi'kmaq.

Mi'kmaq Kulturzentrum auf Lennox Island

Millbrook Cultural & Heritage Centre

Das Millbrook Cultural & Heritage Centre wird von der Millbrook First Nation in Truro geleitet. Wer tief in die Geschichte und Kultur der Mi'kmaq und die Bedeutung der Bay of Fundy für das Mi'kmaq Volk der Se'ke'pne'katik vordringen und mehr über die Welt der Ureinwohner wissen will, der nimmt an der multisensorischen Tour teil.

Prince Edward Island

Lennox Island

Auf Lennox Island nimmt die indigene Mi'kmaq Gemeinschaft Besucher mit zu besonderen Begegnungen mit ihrer Kultur. In der Malpeque Bay geht's auf Naturpfaden durch Heidelbeerfelder, das indigene Handwerk lernen Besucher beim Perlen sticken oder Rasseln anfertigen und auch authentische kulinarische Erlebnisse kommen nicht zu kurz: Die Ältesten entfachen am Strand ein Feuer, kochen darüber frisch gefangene Meeresfrüchte und lehren das althergebrachte Backen des Bannock-Brots in der Glut. Gäste genießen es mit Butter und Sirup, während sie den Geschichten über das Leben auf dieser kleinen, aber mächtigen Insel lauschen.

Powwows sind zentrale Elemente der indigenen Kultur. Der Begriff Powwow wird pauschal für die Zusammenkünfte der Ureinwohner verwendet, auf Lennox Island heißt es Mawi'omi (Versammlung). Beim Mawi'omi, das immer im August stattfindet, wird die indigene Kultur gefeiert und der Zusammenhalt gefördert. Die Teilnehmer tragen traditionelle Kleidung und aufwendig bestickte Mokassins, es wird getrommelt, gesungen und getanzt.

Am letzten Sonntag im Juli wird der St. Anne's Sunday gefeiert, mit einem Hummerfest und einer Parade zu Ehren der heiligen Anna, der Schutzpatronin der Mi'kmaq. Das Fest geht auf das Jahr 1600 zurück, als französische Missionare den Katholizismus auf die Insel brachten. Großhäuptling Membertou war von den Ähnlichkeiten der Rituale der christlichen Religion und der Spiritualität der Ureinwohner so fasziniert, dass er sich später taufen ließ. So begann bei vielen Mi'kmaq die Vermischung von indigener Spiritualität und Christentum.

Die Mokassins sind liebevoll und aufwendig bestickt.

Beim Mawi'omi tragen die Teilnehmer traditionelle Kleidung.

Roadtrippin‘ durch die Geschichte Albertas

Auf den Spuren der Métis, Cree und Blackfoot

Alberta weist eine äußerst vielfältige indigene Kultur auf.

48 First Nations und Métis nennen die heutige Provinz Alberta im Westen Kanadas ihr Zuhause. Vieles haben sie gemein, und trotzdem sind sie ganz verschieden. Nicht zuletzt deswegen bietet die Region ein faszinierendes Geflecht an Kulturen, Traditionen und auch Sprachen. Alberta entdecken heißt, sich auf Spurensuche indigener Geschichte zu begeben und dabei besonderen Menschen zu begegnen. Ganze Trails widmen sich dem Thema und eignen sich bestens für einen Roadtrip.

Historische indigene Stätten sind in Edmontons River Valley zu finden.

Der Bison Trail: Von Edmonton nach Métis Crossing

In und um Edmonton, der Hauptstadtregion von Alberta, führt diese Tour zu den wichtigsten Sehenswürdigkeiten und Erlebnissen der indigenen Bevölkerung und informiert zudem über die Bedeutung der Bisons für die First Nations.

In der quirligen Stadt finden sich zahlreiche Möglichkeiten, der Geschichte der Ureinwohner näher zu kommen. Etwa bei der Geologie-Tour von Talking Rock Tours zu historischen und heiligen Stätten in Edmontons River Valley. Talking Rock ist das erste Reiseunternehmen in Alberta, das Geologie mit indigener Kultur verbindet. Über die Vielfalt der First Nations und Métis in der Region Beaver Hills informiert der Fort Edmonton Park, der sich mit Indigenous Peoples Experience entdecken lässt. In Edmontons erstem indigenen Park ᐄᓃᐤ (ÎNÎW) River Lot 11∞ steht die Geschichte der First Nations und die kreative Arbeit indigener Künstler im Fokus.

Der Bison Trail startet in Edmonton ...

Im Royal Alberta Museum in Edmonton sind Tausende indigener Artefakte ausgestellt, datiert von der Mitte des 18. Jahrhunderts bis heute. Ein Hingucker ist Papamihaw Asinîy An, auch Manitou-Stein genannt, ein 145 Kilogramm schwerer Eisenmeteorit, der von vielen indigenen Völkern als heilig angesehen wird. Jeder Stein hat einen bestimmten Zweck, ist ein Geschenk von Manitou (dem Schöpfer) und verfügt über besondere Kräfte. Daher ist Manitou Asinîy für viele indigene Völker nicht nur ein Meteorit, sondern ein heiliges Lebewesen. Er galt als Heilstein und sollte die Büffelherden in den nördlichen Ebenen beschützen.

Raus aus der Stadt, rein in die Natur: Ein besonderes Ziel für alle, die Bisons in der Natur erleben möchten, ist der Elk Island National Park. Der Park liegt in einem bewaldeten Abschnitt der Beaver Hills, einer naturbelassenen Hügellandschaft mit zahlreichen Seen, Sümpfen und Teichen, die früher von den Cree und Métis bewohnt war. Er beheimatet rund 450 Präriebisons sowie 350 Waldbisons, die Besucher zu Fuß oder vom Auto aus beobachten können. Die Tiere waren schon immer in den Beaver Hills zuhause, wurden allerdings in den 1860er Jahren vollständig ausgerottet und erst 1965 wieder angesiedelt. Neben Bisons gibt es zudem Elche, Wapiti und Hirsche zu sehen. Auch wer gern wandert oder Kanu fährt ist im Elk Island National Park richtig.

... führt über den Elk Island National Park ...

... und endet bei den weißen Bisons in Métis Crossing.

In Métis Crossing, einem 80 Hektar umfassenden Gelände, das in malerischer Lage am North Saskatchewan River liegt, lebt seit ihrer erneuten Ansiedlung im September 2021 ebenfalls eine stattliche Herde weißer Bisons, Waldbisons und Steppenbisons. Früher war die Büffeljagd ein bedeutendes Ereignis der Métis. Im Frühjahr und im Herbst kamen die Familien zusammen, um gemeinsam auf Jagd zu gehen. In der Sprache der Métis lautete die Bezeichnung für Bison „bufloo", wodurch sich die Bezeichnung Büffel fälschlicherweise in unserem Sprachgebrauch etablierte. Indigenes Kunsthandwerk und Begegnungen mit Ältesten gehören ebenfalls zum Programm von Métis Crossing. Übernachtet wird in der luxuriösen Lodge oder in einem gemütlichen Trapperzelt.

In Métis Crossing treffen Besucher auch auf Älteste.

Der Blackfoot Trail: Von Calgary zum Writing-on-Stone Provincial Park

Das Abenteuer auf dem Blackfoot Trail beginnt in der Großstadt Calgary, führt nach Osten zum Blackfoot Crossing und von dort Richtung Süden zum Head-Smashed-in Buffalo Jump und Áísínai'pi.

Zum Einstieg startet die Reise mit einer Indigenous Shopping Tour in Calgary: Bei Moonstone Creation und Mystial Métis präsentieren indigene Anbieter handgefertigte Kunst, Mode und Schmuck.

Ein besonderer Ort in der Region ist der Blackfoot Crossing Historical Park, eine National Historic Site rund eine Autostunde von der Stadt entfernt. An diesem Ort wurde der Vertrag Treaty 7 unterzeichnet, ein Abkommen zwischen der Regierung sowie den First Nations der Prärieprovinzen. Blackfoot Crossing liegt auf dem heutigen Gebiet des Reservats der Siksika Nation und widmet sich der Förderung und Erhaltung der Sprache, Kultur und Traditionen der Siksika. Er beherbergt ein beeindruckendes Museum, das Besuchern mit interaktiven Ausstellungen die Geschichte und Kultur der Siksika First Nation näherbringt. Im Restaurant kommt authentische indigene Küche auf den Tisch, der Souvenirshop bietet handgefertigte Produkte aus der Region. Wer noch tiefer in die Kultur der Blackfoot eintau-

Der Blackfoot Crossing Historical Park gibt Einblicke in die Geschichte der Siksika.

chen möchte, übernachtet in einem Tipi vor dem Museum, in der River Ranche Lodge oder bei Many Guns Ranch and Adventures.

Nächster Stopp ist der Head-Smashed-In Buffalo Jump, eine UNESCO-Weltkulturerbestätte 180 Kilometer südlich von Calgary in den Ausläufern der Rocky Mountain Foothills gelegen. Sie wurde wegen ihrer hoch aus der Ebene aufragenden Sandsteinklippen fast 6.000 Jahre lang von den Blackfoot First Nations als Buffalo Jump benutzt. Buffalo Jumps sind trichterförmig auf Klippen zulaufende Steinreihen, durch die die Büffelherden über die Klippen in den Tod getrieben wurden. Es war für die Ureinwohner die einzige Möglichkeit, an genug Fleisch, Fell, Knochen und Haut zu gelangen, um den Winter zu überstehen. Weitere Einblicke liefert das Museum in den Klippen.

Letztes Ziel auf diesem Roadtrip ist Áísínai'pi, der Writing-on-Stone Provincial Park, die neueste UNESCO-Welterbestätte Albertas. Sie lockt mit epischen Sandsteinformationen, genannt Hoodoos, und der größten Sammlung an Felszeichnungen in den Great Plains Nordamerikas. Die Geschichte von Writing-on-Stone reicht 85 Millionen Jahre zurück: die Auswirkungen natürlicher Kräfte wie Wind, Eis und Regen führten im Laufe der Zeit zur Erosion des Sandsteinfelsens und damit zur Entstehung der Hoodoos. Das gesamte Gebiet liegt im Herzen des traditionellen Territoriums der Blackfoot und hat für ihr Volk eine große kulturelle und spirituelle Bedeutung. Archäologische Beweise wie Tipi-Ringe oder vergrabene Lagerplätze zeigen, dass Ureinwohner bereits vor 3.500 Jahren regelmäßig im Milk River Valley Halt machten.

UNESCO-Weltkulturerbestätte Head-Smashed-In Buffalo Jump

Faszinierende Landschaft im Writing-on-Stone Provincial Park

Auf kosmologischen Pfaden wandeln

Der Ausdruck „Auf Pfaden wandeln" bekommt in Alberta eine tiefsinnige Bedeutung: Die Provinz erschließt sich besonders eindrucksvoll über ihre Trails und über die erzählten Geschichten, die Besucher auf diesen Wegen hören können. Das gilt auch für das Vermächtnis der indigenen Gemeinschaften. Auf geführten Touren erzählen sie von mehr als nur ihrer Vergangenheit – sie berichten vom Verständnis der Welt. Den indigenen Pfaden zu folgen und die traditionellen Geschichten zu hören, bedeutet Natur und Menschen besser verstehen zu lernen.

Mahikan Trails – ein Ausflug in die Apotheke Natur

Mahikan Trails führt Besucher auf eine einzigartige Reise durch die kanadischen Rockies. Die Wanderungen werden von Brenda Holder geleitet, deren Vorfahren Cree-Guides vom Stamm der Kwarakwante aus der Gegend um Jasper waren. Mit ihrem Wissen über Pflanzen, Bäume und Sträucher zeigt sie Besuchern, wie man in der Wildnis überlebt – sei es durch die Verwendung natürlicher Heilmittel oder durch nützliche Techniken wie das Entzünden eines Feuers. Bei ihren Medicine Walks und in Workshops erzählt Brenda über die jahrtausendealten Traditionen ihrer Vorfahren, die im Einklang mit der Natur gelebt haben.

Auf dem Pferderücken erlebt man indigene Geschichte ganz nah.

Auch Bogenschießen gehört zur indigenen Tradition.

Painted Warriors – Perspektivwechsel inklusive

Painted Warriors bietet eine Reise in die Welt der Cree, Saulteaux und Mohawk und zeigt dabei traditionelle sowie moderne Aspekte ihrer Lebensweise. Auf der 33 Hektar großen Ranch in den Ausläufern der kanadischen Rockies, eine Stunde nordwestlich von Calgary, können ein- oder mehrtägige Touren gebucht werden. Erfahrene Guides bringen ihre Gäste dabei mit der Wildnis und den indigenen Traditionen in Kontakt. Die Aktivitäten reichen von Tiertracking und Schneeschuhwandern bis hin zu Reitausflügen und Bogenschießen. Tracey Klettl, die die Schwester von Brenda Holder ist, und Tim Mearn gründeten Painted Warriors 2010. Ziel des Unternehmens ist es, Brücken zwischen Kulturen zu bauen und Gästen eine neue Sicht auf die Natur, die indigene Kultur und sich selbst zu zeigen.

Métis Crossing National Historic Site – Blick in die Vergangenheit

Métis Crossing ist Albertas erstes kulturelles Interpretationszentrum, das Besuchern Einblicke in das Leben der Métis-Siedler aus dem 19. Jahrhundert gewährt. Gäste können an kulturellen Touren teilnehmen, traditionelle Handwerkskünste kennenlernen oder in einem nachgebauten Trapper-Zelt übernachten. Die interaktive Victoria Trail Voyageur Experience ermöglicht es, wie einst die Pelzhändler zu paddeln, Biberfallen zu stellen, getrocknetes Bisonfleisch zu probieren und den Red River Jig zu tanzen.

Das kulturelle Interpretationszentrum Métis Crossing zeigt das Leben der Métis-Siedler.

Jasper Tour Company – Mit den Métis das Rückgrat der Erde entdecken

Die Jasper Tour Company führt Besucher in die faszinierende Welt der kanadischen Rockies, die von den indigenen Völkern Albertas als „Shining Mountains" oder „Rückgrat der Erde" bezeichnet werden. Joe Urie, ein Métis-Guide und Eigentümer der Jasper Tour Company, betrachtet die Berge als sein Zuhause. Seine Vorfahren waren Métis, die seit 1860 entlang des Athabasca River lebten und Reisenden als Guides dienten. Joe führt die Tradition seiner Vorfahren fort und teilt sein umfassendes Wissen über die Geschichte der Region und die Tierwelt bei seinen Touren auf abenteuerlichen Pfaden in den Fußstapfen der ersten europäischen Händler und einheimischen Guides. In der unberührten Natur der Rockies stehen die Chancen zudem gut, auf Hirsche, Elche, Schwarzbären, Wölfe oder Murmeltiere zu treffen.

Wildhorse Ranch and Outfitters – Die Verbindung zur Natur zelebrieren

Die Wildhorse Ranch in Zentral-Alberta ist ein inspirierender Rückzugsort, der die Verbindung zur Natur und indigenen Traditionen zelebriert und tiefe Einblicke in die indigene Lebensweise und Kultur ermöglicht. Unter der Leitung von Bear und Diane erleben Gäste auf 480 Hektar unberührtem Land die harmonische Symbiose von Western-Abenteuer und indigener Kultur. Die Ranch bietet maßgeschneiderte Programme für Frauen-Wellness, Reitcamps und spirituelle Feuerrituale. Bear teilt beim Storytelling durch seine Geschichten die reiche Vergangenheit der indigenen Völker. Bei einem Spaziergang durch den Naturgarten können Gäste traditionelle Heilpflanzen kennenlernen, die Wildhorse Cowboy Kitchen umfasst authentische westliche und indigene Gerichte.

Es gibt noch viele weitere Möglichkeiten, die indigene Kultur sowie das Land zu entdecken – und vielleicht auch ein Stück weit sich selbst. Die Organisation Indigenous Tourism Alberta (ITA) fördert einzigartige und faszinierende Erlebnisse von Angehörigen der ansässigen Stämme aus Nord-, Süd- und Zentral-Alberta sowie den Rockies. Ziel ist es, nicht nur den indigenen Tourismus zu unterstützen, sondern auch die Weitergabe von Geschichten, Kulturen und Erlebnissen zu fördern.

Der Métis Joe Urie erzählt vom Leben in den Rockies, dem „Rückgrat der Erde".

Bear und Diane bieten einen interessanten Mix aus Ranchleben und indigener Kultur.

travelalberta.com
mahikan.ca
paintedwarriors.ca
metiscrossing.com
jaspertourcompany.com
wildhorsecamp.com
indigenoustourismalberta.ca

Die Aurora Borealis mit den Augen der Ureinwohner erleben

Am Hotspot für Nordlichter zeigen Locals ihre Traditionen, Mythen und Sagen

Autor: Jörg Michel

Die Nordlichter ziehen einen schnell in ihren Bann.

Auf einmal wird aus dem schwachen Licht am Horizont ein leuchtend-farbiger Strudel von grellem Grün und Rosa. Fast ist es wie bei einem bunten Gemälde, das auf eine pechschwarze Leinwand gemalt wird. Nordlichter! Doch schon bald wird die Show am Himmel noch besser: Die farbigen Schleier bewegen sich im Rhythmus der Nacht. Sie wippen am Firmament wie Tänzer auf einer Bühne, mächtiger und surrealer als in den kühnsten Träumen.

Der Ort der Himmelsshow: Yellowknife in den Northwest Territories. Die Gemeinde liegt etwa 400 Kilometer südlich vom Polarkreis am Großen Sklavensee und gilt als die Aurora-Hauptstadt der Welt. An kaum einem anderen Ort in Kanada lassen sich die Nordlichter, die auch als Aurora Borealis bezeichnet werden, so gut beobachten wie dort.

Für viele indigene Bewohner des Nordens haben die Lichter eine mystische Bedeutung. In ihren Sagen und Erzählungen spielen Nordlichter eine große Rolle. Die Ureinwohner vom Volk der Dene beispielsweise glauben, dass die Polarlichter einst vom großen Schöpfer entzündet wurden, um die Menschen auf der Erde daran zu erinnern, dass er stets über die Welt wacht und sie beschützt. Die Cree sehen in den Nordlichtern die Geister der Toten, die am Himmel erscheinen und versuchen, mit ihren Lieben auf der Erde Kontakt aufzunehmen. Die Inuvialuit der Northwest Territories erzählen sich Legenden, in denen die Lichter als Schatten der einst Lebenden auftreten und mit einem Walrossschädel Ball spielen.

Manche sagen auch, die tanzende Aurora Borealis sei ein enges Familienmitglied oder ein Freund, der gestorben ist. Joe Bailey, der Betreiber des Outfitters North Star Adventures aus Yellowknife, glaubt, dass die Lichter eine wichtige Botschaft an die Hinterbliebenen auf der Erde senden: „Mir geht es hier oben gut. Es gibt keinen Grund, traurig zu sein. Genieße dein Leben, tue Gutes, eines Tages werden wir uns wiedersehen."

Bailey bietet Besuchern aus aller Welt spezielle Aurora-Programme an, bei denen die Perspektive der lokalen Ureinwohner eine wichtige Rolle spielt. Bailey nennt seine Touren „Aurora-Jagd" und das sind sie tatsächlich: Mit dem Bus bringt der Aurora-Hunter Bailey seine Gäste von Yellowknife zu einsamen Lichtungen und an entlegene Ufer, stets auf der Suche nach dem besten Blick auf das Himmelsspektakel. Die Touren dauern rund vier Stunden, bei gutem Wetter beträgt die Chance auf Sichtungen 98 Prozent! Mit Glück gibt es unterwegs Büffel zu sehen, auch Eisfisch-Ausflüge können bei Bailey gebucht werden.

Für die indigenen Bewohner sind Polarlichter mystische Botschaften.

Die Lichter können von Spätsommer bis Anfang Frühling bestaunt werden.

Bailey hat das Jahr über viel zu tun: Die Nordlicht-Saison in Yellowknife erstreckt sich über sage und schreibe 240 Tage im Jahr und beginnt oftmals schon im August. Im Spätsommer, Herbst, Winter und frühen Frühling können Besucher die tanzenden Himmelserscheinungen fast jede Nacht bestaunen. Warum das so ist? Die Northwest Territories liegen unter dem so genannten Aurora-Oval, einem Band maximaler Aktivität, das sich durch einen kristallklaren Himmel und eine extrem niedrige Luftfeuchtigkeit auszeichnet – ein perfektes Szenario für Himmelsgucker! In den Northwest Territories sind die Farben heller, die Erscheinungen mächtiger als anderswo, einfach großartig!

In Yellowknife sind die Touranbieter perfekt auf die Aurora-Fans aus aller Welt eingerichtet. So auch im Aurora Village, das ebenfalls von indigenen Kanadiern betrieben wird. „Die Nordlichter sind unsere Vorfahren, die verstorben sind. Sie sind so glücklich, sie tanzen da oben am Himmel", sagt Don Morin, der das indigene Familienunternehmen vor über zwanzig Jahren gründete. Das Ensemble besteht aus 21 Tipis und liegt nur wenige Kilometer vor den Toren der Stadt an einem idyllischen See.

Besucher können die Sterne und Nordlichter im Aurora Village auf vielfältige und bequeme Art und Weise beobachten: von Aussichtspunkten, geheizten Liegen, in gemütlichen Tipis. Sachkundige Guides stehen jederzeit bereit, um ihre Gäste in die Legenden der Ureinwohner einzuführen. Fotografen helfen dabei, perfekte Schnappschüsse für das Familienalbum oder den Instagram-Post zu schießen. Falls die Lichter ausnahmsweise einmal eine Pause einlegen oder Wolken den Himmel bedecken, dann lockt in den Zelten eine heiße Schokolade und ein knisterndes Feuer.

Im Aurora Village bekommt man ein perfektes Lichtererlebnis mit allem drum und dran.

Beim Campen kann man den Anblick in Ruhe genießen.

Auch mit dem Hundeschlitten sind Touren zu den Lichtern möglich.

Mindestens so spektakulär: die Nordlichter bei einer Hundeschlittenfahrt beobachten. Hand aufs Herz: Wer wollte nicht schon einmal von einem Hundegespann gezogen durch die eisigen Landschaften des Nordens gleiten und dabei das Himmelsgewölbe bestaunen?

Der Anbieter North of 60 Aurora Adventures aus Yellowknife macht's möglich. Zur Auswahl stehen traditionelle Hundeschlittenfahrten, aber auch Touren auf einem Steh-Schlitten sind möglich, ob als Hundeschlittenführer auf vorbereiteter Piste, als Musher über einen zugefrorenen See oder als Beifahrer entlang abgelegener Pfade. Die einstündigen Programme durch das Aurora-Land enden meist im warmen Zelt oder im Trapperlager, wo die Teilnehmer mehr über die Kultur der Dene erfahren können, etwa beim Filetieren von Fischen oder Backen von traditionellem Stockbrot über dem offenen Feuer. Natürlich ist auch die Zeit mit den Schlittenhunden und manchmal sogar ihren Welpen ein unvergessliches Highlight. Wer es etwas bequemer mag, bucht einen Skydome. Diese Aussichtskuppel bietet Sofa und Kaminfeuer und eine spektakuläre Rundumsicht auf das Himmelsspektakel.

Der Skydome: tolle Aussicht und gemütliches Ambiente.

Abenteuer am Polarkreis

Kanadas Arktis-Territorium existiert erst seit 25 Jahren, seit Jahrtausenden ist es die Heimat der Inuit

Autor: Jörg Michel

Baffin Island: unfassbare Eiswüsten, tief eingeschnittene Fjorde und gigantische Gletscher

Der 1. April 1999 war ein bedeutender Tag für die Inuit in Kanada. Mit einer feierlichen Zeremonie entstand für sie in der Arktis das neue Territorium Nunavut, übersetzt „unser Land“. Es ist ein Land, in dem die Inuit seit vielen Jahrhunderten leben, ein Land reich an Kunst, Kultur, Natur und epischen Landschaften, die in ihrer Weite kaum in Worte zu fassen sind. Vom Polarkreis bis zum Atlantischen und Arktischen Ozean erstreckt sich das riesige Territorium, das mit knapp zwei Millionen Quadratkilometern mehr als fünfmal so groß ist wie Deutschland und ein Fünftel der Fläche Kanadas ausmacht. Rund 40.000 Menschen nennen Nunavut Heimat, die meisten davon sind Inuit.

Lange führten viele Inuit einen nomadischen oder halbsesshaften Lebensstil in Einklang mit der Natur, wohnten in saisonalen Camps und Schneehäusern und folgten bei der Jagd den Karibuherden, Fischschwärmen oder Meeressäugern wie Robben oder Walen. Im Nunavut von heute hat sich das Leben in mancherlei Hinsicht dramatisch verändert, doch die traditionelle, oftmals mündlich überlieferte Lebensweise und Kultur spielt nach wie vor eine große Rolle. Viele Inuit legen bei der Jagd oder beim Fischfang große Strecken zurück, angestammte Kunstfer-

Trommeln spielen eine zentrale Rolle in der Kultur der Inuit - sie repräsentieren den Herzschlag von Mutter Erde.

tigkeiten wie Schnitzarbeiten, Webereien und Drucke sind in vielen Dörfern weit verbreitet und dienen als wichtige Einnahmequellen.

Wie viele indigene Völker praktizieren auch die Inuit ein Leben im Einklang mit der Natur und sind geprägt vom Überleben in einer der klimatisch harschesten Regionen der Welt. Besucher können dieser Kultur auf mannigfaltige Art und Weise nahekommen: an Bord eines Kreuzfahrt- oder Expeditionsschiffes, bei einer Tour mit einem lokalen Outfitter oder auch per geführter Rundreise unter Mitwirkung der Inuit.

Viele Reisen beginnen in Iqaluit, der Hauptstadt Nunavuts auf Baffin Island, in der rund 7.500 Menschen leben. Die Kultur der Inuit ist in dem Ort allgegenwärtig, sei es in den Galerien oder Werkstätten der lokalen Kunsthandwerker oder

Unendliche Weite soweit das Auge reicht.

Im Nunavut alltäglich: die Fahrt mit dem Hundeschlitten

auf einem der vielen Festivals, bei denen die Menschen die traditionelle Kunst, Musik und Küche der Inuit feiern. Outdoor-Aktivitäten wie Skifahren, Schneemobiltouren und Hundeschlittenfahrten gehören zum täglichen Leben, ebenso wie das Jagen, Angeln und Beerenpflücken. Der lokale Touranbieter Kool Runnings etwa hat sich auf Hundeschlittentouren spezialisiert.

Nur einen kurzen Flug von Iqaluit entfernt können Besucher in Kinngait (früher: Cape Dorset) die weltweit angesehene Schnitz- und Zeichenkunst der Inuit bestaunen. Der Ort beheimatet die größte und bekannteste Künstlerkooperative der Inuit. Die Werke von dort sind in vielen Museen und Galerien zu finden. Viele Künstler Nunavuts haben es in Kanada und weltweit zu Ruhm und Ansehen gebracht.

Eisbären sind (fast) zum Greifen nah.

Beste Sicht auf die schroffen Eisformationen bietet die Reise mit dem Schiff durchs Nordpolarmeer.

Spektakulär sind im Frühjahr Touren an die Treibeiskante Nunavuts, wie sie etwa der von den Inuit geführte Touranbieter Arctic Bay Adventures anbietet. Der Ort Arctic Bay liegt weit über dem Polarkreis, Besucher können auf dem Weg zu den arktischen Eisschollen atemberaubende Berglandschaften sowie vorbeiziehende Eisberge bestaunen. Oft versammeln sich im Frühjahr Walrosse, Robben, Narwale, Grönlandwale oder Belugawale an der Eiskante – ein Paradies nicht nur für Natur- und Tierfotografen.

Outdoor-Enthusiasten finden in den fünf Nationalparks in Nunavut reichlich Platz für Abenteuer. Beispielsweise im Auyuittuq-Nationalpark im Nordosten von Baffin Island. Gletscher und zerklüftete Berge dominieren die Landschaft, was erfahrene Wildniswanderer und Skifahrer anlockt. Viele folgen der 95 Kilometer langen Akshayuk-Pass-Strecke, einer traditionellen Reiseroute der Inuit. Auch Tagesetappen oder Motorschlittentouren sind möglich. Kilabuk Outfitting etwa bietet Fahrten in den Park an.

Zu den Höhepunkten gehört in den Spätsommermonaten die Fahrt durch die legendäre Nordwestpassage mit dem Schiff, etwa mit dem Expeditionsanbieter Adventure Canada. Der 5.780 Kilometer lange arktische Seeweg führt in Ost-West-Richtung durch das Nordpolarmeer und verbindet den Atlantischen mit dem Pazifischen Ozean. Tagesausflüge mit dem Zodiac-Boot führen zu verlassenen Walfangstationen, Außenposten der Hudson's Bay Company oder Gräbern europäischer Seefahrer und Entdecker. Sichtungen von Walrossen, Narwalen, Eisbären und Kolonien von Seevögeln gehören an Bord zum Alltag, ebenso Kulturveranstaltungen, die von mitreisenden Guides der Inuit organisiert werden.

Mount Thor im Auyuittuq Nationalpark

Bei Anruf Action

Interview mit Ted Irniq

Autorin: Jennifer Latuperisa-Andresen

Ted bietet Bootstouren, Angelausflüge und kulturelle Aktivitäten an.

Wer ist schneller? Ein Schneemobil schafft 120 Kilometer pro Stunde, ein Eisbär im Sprint 40.

Ted Irniq hat ein Leuchten in den Augen, wenn er von seinen Vorfahren und der Geschichte der Inuit erzählt. Teds Heimat ist die Arktis, das Territorium Nunavut, dort ist er geboren und aufgewachsen. Eine Region, die extrem lebensunfreundlich scheint. Wer bei Ted eine Tour bucht und mit ihm unterwegs ist, der lernt viel über das Leben der Inuit und über die Geschichte des Überlebens. Aber auch über die beeindruckende Wildnis in Nunavut.

Ted, ist Nunavut ein ganz besonderer Ort auf dem Erdball?

Jeder Ort auf der Welt ist nur wegen der Menschen, die dort leben, etwas Besonderes. Nunavut ist ein weites, riesiges Gebiet, das seit Tausenden von Jahren bewohnt ist. Wir können dort von einer Seite des Nordens zur anderen und sogar in benachbarte Provinzen und Territorien reisen. Wir sind ein ganzes Leben lang gereist und jetzt ist es auch noch so. Und wir reisen zwischen den Orten hin und her, mit Booten, mit Schneemobilen, mit Hundeschlitten, einfach, um uns mit den Menschen zu verbinden. Denn in Nunavut leben nur 40.000 Menschen und die meisten von uns sind Cousins und Cousinen, Onkel und Tanten, Väter und Töchter.

An Eisbergen, mit ihren magischen Farbschattierungen, kann auch Ted sich nicht sattsehen.

Was würdest du sagen, sind die wichtigsten Erfahrungen in Nunavut?
Die wichtigste Erfahrung, die du machen kannst, ist dich mit jemandem anzufreunden. Setz dich hin, sprich mit ihm, trinkt einen Kaffee und esst gemeinsam. Und wenn du mit jemandem zusammen isst, dann sitzt du meistens nicht am Tisch. Und niemand sitzt am Kopfende des Tischs. Es wird auf dem Boden in der Küche gegessen und jeder nimmt sich, was er will.

Eine zweite Möglichkeit ist, sich eine Minute Zeit zu nehmen, aus der Stadt zu gehen, auf einen Hügel zu klettern und einfach durchzuatmen. Sieh dir einfach das Meer an. Sieh dir die Sonne an. Nimm den Moment in dich auf. Denn das ist es, das ist das Leben für uns.

Als Drittes würde ich sagen, gehe auf ein Boot, erlebe das Wasser, beobachte die Robben, die nach Luft schnappen. Hoffentlich siehst du ein paar Wale, vielleicht einen Narwal, einen Grönlandwal oder einen Beluga. Vielleicht gibt es auch ein Bärenjunges an der Küste. Wenn du irgendwo hinfährst, wirst du nie etwas sehen, wenn du nicht aufpasst.

Und: Gehe raus und fische. Leihe dir eine Rute, nimm ein paar Haken mit. Gehe dorthin, wo die Einheimischen hingehen. Unterhalte dich gut, fange ein oder zwei Fische, nimm sie mit nach Hause und brate sie so schnell wie möglich.

Welche Wildtiere gibt es im hohen Norden?
In Nunavut gibt es mehrere Säugetiere, für alle fanden wir eine Verwendung. Die größeren Tiere, wie etwa Karibus, wurden gegessen, die Haut für Zelte und Kleidung und die Sehnen für Garn verwendet. In mageren Zeiten wurden sogar Tiere wie der Fuchs gegessen. Wer hier reist, sieht Eisbären Robben jagen, Moschusochsen stoisch durch die Gegend ziehen und Wale, die sich ihren Weg durchs Eis bahnen. Wir haben auch sehr beeindruckende Walrösser. Dafür aber keine Bäume.

Auf Augenhöhe mit dem Eisbär. Bei einer Bootstour in Nunavut keine Seltenheit.

KANADA -
WARUM
AUSGERECHNET
DAHIN?
CANADA
Heritage Park Historical Village, Alberta